Para: Vanessa

De: Mami y
Papi   05/09

Siempre y en todo momento
estas en nuestros pensamientos
y nuestros corazones.
Te queremos muchisimo Ma y Pa.

Título original: Listen to your Angel • Texto original: Julie Mitchell Marra
Edición original: C.R. Gibson Company, Norwalk, Connecticut
Traducción y edición: Lidia María Riba
Diseño: María Inés Linares

Texto: © 1997, Julie Mitchell Marra
Fotografías: © 1997, Kim Anderson / Bahner Studios, AG
© 2000, V & R Editoras

www.libroregalo.com

ARGENTINA: Demaría 4412, Buenos Aires (C1425AEB)
Tel./Fax: (54-11) 4778-9444 y rotativas
e-mail: editoras@libroregalo.com

MÉXICO: Av. Tamaulipas 145, Colonia Hipódromo Condesa
CP 06170 - Delegación Cuauhtémoc, México D. F.
Tel./Fax: (5255) 5220-6620/6621 • 01800-543-4995
e-mail: editoras@vergarariba.com.mx

ISBN: 978-987-9201-44-2

Impreso en Singapore por Ava Books Production Pte. Ltd.
Printed in Singapore

Mitchell Marra, Julie
Confía en ti - 1ª ed.
Ciudad Autónoma de Buenos Aires: V&R, 2005
44 p.; 18 x 13 cm.

ISBN: 978-987-9201-44-2

1. Libro de frases. I. Título
CDD 808.882

Confía en Ti

Fotografías de

Kim Anderson

Textos de Julie Mitchell Marra

V&R
EDITORAS

Tu corazón guarda,
muy ocultos, tus sueños.

Hoy es el día de comenzar
a convertirlos en realidad.

$\mathcal{E}$ste es el desafío más importante
que te propone la vida.

Diferentes caminos
abren frente a ti infinitas posibilidades
y sólo tú puedes elegir
adónde dirigir tus pasos.

Tus anhelos tal vez estén aún
sin explorar, tal vez te cueste todavía
nombrarlos, darles una definición precisa
o imaginar siquiera
qué deseas para ti en el futuro.

Sabes, sí, con íntima
certidumbre
que ansías algo distinto
a lo que tienes hoy;
que tu meta no se parecerá
a ninguna otra...

Sabes que será mejor, incluso,
que aquella que desean para ti
los que te aman...
porque será tuya.

Pero, a veces,
tu corazón guarda también,
junto a tus sueños,
silenciosos miedos.

Miedo a lo desconocido,
miedo a fracasar,
miedo a crecer,
miedo a recorrer el camino
en soledad...

$\mathcal{E}$ntonces, cuando el mundo exterior
te parezca difícil de afrontar,
cuando sientas que la presión
se te hace casi insoportable...

busca la fuerza en tu interior.

$\mathcal{E}$ncuentra
un momento de paz
para meditar de dónde vienes
y adónde quieres ir.

Descubrirás que el poder
de generar el cambio
está dentro de ti.

Eres una persona única...

capaz de lograr todas las metas
que te propongas,
por difíciles que sean,
por inciertas que se te presenten.

Tu coraje y tu entusiasmo
son los recursos con que cuentas
para llegar hasta la victoria.

Nunca creas que tus armas,
por ser pocas, son ineficaces:
nada es más fuerte que tu pensamiento,
nada es más seguro
para lograr lo que deseas
que tu convicción de que podrás hacerlo.

Si otros han conseguido alcanzar
objetivos parecidos a los tuyos,
esto significará para ti
que es posible hacerlo;

si nadie, hasta hoy,
ha podido lograr lo que sueñas,
tu desafío será mayor,
pero nunca creas
que eso lo hace imposible.

Por momentos,
la preocupación frenará tu marcha,
pero cuando llegue la calma
después de la tormenta,
comenzarás a ver con nuevos ojos
todos los dones
que has recibido en la vida.

Cuando dudes de ti, cuando sientas que estás a punto de desfallecer, no permitas que el desaliento te haga perder el rumbo. Concéntrate en tu objetivo y encamínate hacia la meta.

Cuando te enfrentes
con obstáculos
que parezcan abrumadores,

busca un nuevo rumbo
y marcha en una nueva dirección.
Es posible que encuentres
una maravillosa sorpresa
esperándote, a la vuelta del camino.

Tienes el poder de hacer
de tu propio mundo un lugar mejor.

Tú decides a cada instante
hacia dónde orientar tus actitudes.
Si tus pensamientos son positivos,
harás que tu mundo también lo sea.

Recuerda que cada bifurcación
te obligará a escoger entre un sendero y otro;

recuerda que para llevar un sueño
hasta el límite de su conquista,
tendrás, quizás, que abandonar otro.

$\mathcal{E}$stas elecciones casi nunca son sencillas:
a veces querrás inclinarte simplemente
por el sueño más fácil; otras, intentarás silenciar
tus anhelos más profundos
cambiándolos por una cómoda rutina...

Pero llegará el momento
en que debas tomar
tus propias decisiones.

Piensa bien la consecuencia
que tendrá cada una de ellas
en tu mañana,
déjate guiar por la intuición:
confía en tu corazón.

$\mathcal{E}$ntona tu propia canción
con la seguridad de que existe
en tu interior
una hermosa melodía.
¡Compártela con el mundo!

Prepárate para el éxito...
explora tus oportunidades...
vive a pleno cada momento...
piensa que cada paso
es valioso en sí mismo
y, a la vez, te acerca
un poco más a tu meta.

Necesitarás de la paciencia
tanto como de la voluntad
para alcanzar tu objetivo...

Si vislumbras claramente ese sueño
en tu horizonte,
pero te parece que se aleja
en lugar de acercarse,
ten la certeza de que,
si sigues buscando las estrellas,
ellas serán tuyas muy pronto.

Persigue, sin claudicar,
todos tus sueños.

Tu vida se verá enriquecida,
las puertas se te abrirán y alcanzarás
cada una de tus metas.

Escucha tu corazón. Confía en ti.

¡Tu opinión es importante!

Escríbenos un e-mail a **miopinion@libroregalo.com**
con el título de este libro en el "Asunto".